Blick vom Anger in die Trommsdorffstraße, 1924. Das markante Erkerhäuschen wurde 1964 abgerissen. Am rechten Bildrand ist die Mauer des Ursulinenklosters zu sehen. Erst zu Beginn der 2010er-Jahre wurde das Bildungshaus „St. Ursula“ an selber Stelle errichtet.

Erfurt
gestern & heute

Die Kreuzung Weimarische Straße / Sorbenweg in den 1950er-Jahren. In der Bildmitte das Gebäude des VEB Schuhfabrik „Paul Schäfer", am rechten Bildrand im Hintergrund das Verwaltungsgebäude von Topf & Söhne / VEB Erfurter Mälzerei- und Speicherbau.

Ulrich Seidel

Erfurt *gestern & heute*

Eine spannende Zeitreise in faszinierenden Bildern

SUTTON

Inhalt

Einleitung

Im Jahr 2017 erschien im Sutton Verlag mein Buch „Erfurt einst & jetzt“ mit 55 Bildpaaren, die die Veränderungen der Landeshauptstadt Thüringens dokumentierten. Ich freue mich sehr über den Anklang, den dieses Buch gefunden hat. Noch mehr freut mich, dass der Sutton Verlag nun einen neuen Bildband herausgebracht hat, der wiederum in 55 Bildpaaren von gestern und heute die Entwicklung Erfurts darstellt.

Seit den späten 1820er-Jahren bannten ungezählte Fotografen unsere Umgebung, das Viertel in dem wir wohnen, Alltagssituationen und besondere Ereignisse auf lichtempfindliche Glasplatten und Zelluloidfilme. Lange Zeit war die Anfertigung von Fotografien kostenintensiv und zeitaufwändig. Die Kameras, schwarze Ungetüme auf Stativen, waren im Stadtbild sehr auffällig und es sammelte sich viel Publikum um den Fotografen, das ihm bei der Arbeit zuschaute oder hoffte, selbst auf dem Foto abgelichtet zu werden. Die älteste Fotografie in diesem Buch stammt aus der Zeit zwischen 1860 und 1865.

Seitdem hat sich vieles gewandelt: Nicht nur die Stadt selbst, sondern auch die Fotografie, die heute viel kostengünstiger und quasi für jeden verfügbar ist, hat sich verändert. Die Begeisterung der frühen Fotografen für ihr Umfeld und das ausgewählte Motiv, ihre Aufnahmen des alten Erfurts, bilden die historische Basis dieses Buches, das den Wandel der Stadt in 55 neuen Bildpaaren zeigt und Vergleiche zwischen einst und jetzt ermöglicht. Die historischen Aufnahmen, die die Landeshauptstadt Thüringens über mehr als hundert Jahre hinweg dokumentieren, stammen aus dem wertvollen Fundus des Stadtarchivs Erfurt. Die aktuellen Aufnahmen habe ich zwischen 2021 und 2023 gefertigt und bemühte mich dabei, denselben Standort meines Kollegen aus früheren Jahren zu finden.

Erfurt hat zwischen 1860 und heute deutlich sein Gesicht verändert. Gebäude verschwanden, weil sie alt und baufällig waren, oder weil Brände und Kriegseinwirkungen die Häuser zerstörten. Neue Bauten füllten die Lücken, wurden umgebaut, dem Zeitgeschmack angepasst, modernisiert. Wenn ich durch meine Heimatstadt gehe, höre ich oft, wie die Einheimischen ihren Gästen die Stadt erklären. Dann fallen Bemerkungen wie „Früher sah das viel schöner aus!“ oder „Hier stand mal das …“. Doch nicht immer kann man sich daran erinnern, wie es wirklich einmal aussah. So ist der heutige Anger als Kreuzungspunkt aller Stadtbahnlinien grundsätzlich anders strukturiert, als er es bis 1945 war. Auch die Gebäude selbst haben sich verändert. Oft sind die historischen Fassaden der Geschäftshäuser zwar unverändert, doch das Innere der Gebäude erfüllt modernste Ansprüche. Ebenfalls gravierend sind die Unterschiede innerhalb der letzten 50 Jahre, nicht nur wenn wir uns den Bahnhofsvorplatz anschauen: Der Name ist ein anderer, und die Verkehrs- und Gleisführung haben sich erheblich verändert. Wo heute Fußgänger unter den Arkaden der Bahnhofsstraße wandeln oder hasten, gab es bis 1954 Geschäfte, deren Verkaufsfläche einst bis an den heutigen Straßenrand reichte. Dass auch Brückenbauwerke einem gewissen Verschleiß unterliegen, ist wohl jedem einleuchtend, und auch dass Brückenneubauten nicht immer so schön anzuschauen sind wie ihre Vorgänger, liegt im Auge des Betrachters. Doch egal ob Stahlbogenbrücke oder Beton-Trogbrücke, die Funktion eines solchen Bauwerks steht immer im Vordergrund. Einige Fotografien aus der Mitte der 1940er-Jahre zeigen die Wunden, die der Zweite Weltkrieg hinterließ. Dass diese Wunden im Stadtbild „geheilt" wurden, zeigen die aktuellen Fotos. Auf manchen historischen Bildern sind freie Blicke möglich, wo heute dichter Bewuchs oder eine neue Bebauung dieselbe Perspektive fast unmöglich macht. Dabei wird deutlich, dass Erfurt eine durchaus grüne Stadt ist. Wie sich ein gesamter Stadtteil in den letzten 50 Jahren verändert hat, wird besonders augenfällig im Brühl. Das einstige Industrieareal, früher von der Gewehrfabrik Saarn, den Olympiawerken oder Telefunken und deren nachfolgenden Industriebetrieben dominiert, dient heute dem Wohnen und der Kultur. Vieles ist verschwunden, was unseren Vorfahren lieb war, wie das Marienmosaik am Westgiebel des Domes, vieles Schönes ist hinzugekommen. Dieser Bildband stellt das Gestern dem Heute gegenüber – ungeschönt, der Realität entsprechend. Der Blickwinkel ist aber nahezu derselbe. Das war auch die Herausforderung, der ich mich gegenübersah, als ich für dieses Buch durch meine Stadt ging und meine Kamera – inzwischen digital und auf dem neusten Stand der Technik – an hoffentlich demselben Standort platzierte wie meine Kollegen aus früheren Zeiten. Ich kletterte auf Mauerkronen, lehnte mich über Brückengeländer und Turmbrüstungen, um die Motive nachzufotografieren. Dabei blieb ich nicht unbeobachtet und manch ein Gespräch mit den zufällig Anwesenden zeigte mir, dass die Erfurter ihrer Stadt eng verbunden sind. Vielleicht erinnern sich noch einige Erfurter, wie es damals aussah. Und Sie, willkommener Besucher Erfurts, werden die Stadt mit ihrer bewegten Geschichte vielleicht ein wenig besser kennenlernen und in Ihr Herz schließen. Viel Vergnügen beim Blättern durch dieses Buch wünscht Ihnen

Ulrich Seidel

Westseite des Angers

Schon seit über acht Jahrhunderten ist der Anger als Ort des Handels bekannt. Seit etwa 120 Jahren bildet das Geschäftshaus hinter dem Monumentalbrunnen am westlichen Ende des Angers einen repräsentativen Abschluss der Einkaufsmeile. Ursprünglich befanden sich auf diesem Grundstück drei kleinere Gebäude, die von der Schuhmanufaktur Gottschalk, Soller & Brauer sowie vom Uhrmacher Witzleb und einem weiteren Gewerbetreibenden genutzt wurden.

Heute ist Leben in dieses Gebäude gezogen, unter anderem ist das Informationszentrum der Europäischen Union Mieter in diesem Haus.

Wo vor 50 Jahren Exquisit-Mode angeboten wurde, werden nun Hungernde und Durstige herzlich willkommen geheißen. Der Monumentalbrunnen mit dem Obelisken ist zwischen 1887 und 1890 aus Anlass der Fertigstellung der ersten städtischen Trinkwasserleitung errichtet worden. Die Skulpturen zeigen zum einen die Göttin Flora, stellvertretend für den Gärtnerfleiß in Erfurt, sowie links ein Sinnbild für den Gewerbefleiß in der Stadt. Heinz Lutz fotografierte am 14. Oktober 1977 den Monumentalbrunnen am westlichen Anger. Die Gestaltung rund um den Brunnen hat sich deutlich gewandelt und auch die Straßenbahnen sind andere als in den 1970er-Jahren.

Meister-Eckehart-Straße / Regierungsstraße

Neben dem Monumentalbrunnen und dem dahinter befindlichen Gebäude gehört auch die Wigbertikirche zum baulichen Abschluss des Angers. Der namensgebende Heilige Wigbert (auch Wibert, Wigbertus, Wichbertus) stammte aus England und hatte gemeinsam mit dem heiligen Bonifatius in Thüringen und Hessen missioniert. Er starb wohl im Jahr 747, nach anderen Quellen 732 oder 736. Die Geschichte der Wigbertikirche reicht bis zum Anfang des 13. Jahrhunderts zurück. Um 1210 wurde bereits eine Kapelle erwähnt und um 1223 gründete das Kloster Hersfeld die Kirche St. Wigberti als Pfarrkirche. 1291 bei einem Stadtbrand zerstört, wurden Turm und Langhaus bis 1434 wieder aufgebaut, spätestens 1473 erfolgte die Weihe des Chores. Während der Zeit der Reformation gab es heftigen Streit um St. Wigbert. Schließlich wurde die Kirche 1606 endgültig den Katholiken zugesprochen. Mitte des 17. Jahrhunderts erwarb der Augustinerorden die Kirche und den angrenzenden

Valentinerhof und ließ dort ein Kloster errichten. Als 1664 der Erzbischof und Kurfürst von Mainz seinen Statthalter einsetzte, wurde St. Wigbert zu dessen Hofkirche, die weiterhin von den Augustinermönchen als Klosterkirche genutzt werden durfte.

Der Turm der Wigbertikirche beherbergte eine von drei Türmerwohnungen in Erfurt. Neben den Türmern des Nikolaiturms (Augustinerstraße) und des Allerheiligenkirchturms hatte der Türmer der Wigbertikirche unter anderem die Aufgabe, auf Brände zu achten und im Notfall mit den Glocken ein entsprechendes Alarmsignal zu geben. Heute ist St. Wigbert eine katholische Kirche mit einem regen geistlichen Leben. Das historische Foto stammt von einem unbekannten Fotografen und entstand nach 1975. Es zeigt die damalige Gestaltung des Platzes vor der Wigbertikirche.

Anger, zwischen Borngasse und Grafengasse

Dass der Anger bis Mitte der 1970er-Jahre eine viel befahrene Hauptstraße war, kann man sich heute kaum noch vorstellen. Straßenbahnen, Lkw, Pkw und Fußgänger drängten sich zwischen den Häuserzeilen. Das historische Foto eines unbekannten Fotografen entstand im Juni 1973 und zeigt links die Häuser Anger 22 bis 30, rechts ist die Werbung für das Filmtheater am Anger zu erkennen (Anger 57), das bis Anfang der 2000er-Jahre bestand. Die letzte Filmvorführung fand hier am 7. April 2001 statt. In den 1970er-Jahren konnte man vormittags das sogenannte „Tageskino“ besuchen: Dreimal hintereinander wurde derselbe Film gezeigt. Wer einfach sitzen blieb, konnte sich mit nur

einer Eintrittskarte den ganzen Vormittag vertreiben (anstatt zum Beispiel die Schule zu besuchen, wie ich es mitunter tat). Nach den späteren Filmvorstellungen lud die Gaststätte „AngerBräu" rechts neben dem Angerkino zum großen Glas Bier für 96 Pfennig. Die Umgestaltung des Angers zu einer verkehrsberuhigten Fußgängerzone begann 1976. Heute ist dort immer noch viel los, die Straßenbahnen fahren nach wie vor über den Anger und auch Lieferverkehr ist gestattet. Doch die Fußgänger haben heute deutlich mehr Platz als in den 1970er-Jahren und können unter schattenspendenden Bäumen auf Bänken rasten.

Anger

Im Rahmen der Umgestaltung des Angers zur Fußgängerzone wurde auch ein Entwurf des Stadtarchitekten Walter Nitsch verwirklicht. Dabei handelte es sich um den Wiederaufbau des im Zweiten Weltkrieg zerstörten Bereichs an der Kreuzung Anger / Bahnhofstraße. Das Angereck mit Büros und einem Eiscafé sollte ein neues Schmuckstück im Stadtzentrum werden, und das wurde es auch. Besonders die „Mocca-Bar" mit der wunderschönen Freiterrasse wurde ein beliebter Treffpunkt für Einheimische und Gäste der Stadt. Hier konnte man das quirlige Treiben auf dem Platz verfolgen und nebenbei, in sicherer und ruhiger Distanz zum

Anger, einen Kaffee oder einen Eisbecher genießen. Das historische Foto, dessen Urheber leider unbekannt ist, entstand 1977 und dokumentiert den Beginn der Tiefbauarbeiten für das neue Angereck, mit der Seitenfassade des einstigen Jesuitenkollegs im Hintergrund.

In den 1970er-Jahren war noch die Pestalozzi-Schule in diesem Gebäude untergebracht, bis man es im Jahr 1979 seiner späteren Bestimmung übergeben konnte. Nach nur 21 Jahren wurde das „alte" Angereck zugunsten eines Neubaus abgerissen. Bei einer Tasse Kaffee lässt sich noch heute die Sicht auf den Anger genießen, aber leider nur von innen.

Anger / Schlösserstraße

Bereits 1611 hatten die Jesuiten in Erfurt eine Schule gegründet. Um 1664 erhielten die Jesuiten einen Teil des Geländes, worauf das einstige Stotternheimsche Palais stand, welches 1660 bei einem Brand auf dem Anger völlig zerstört wurde. 1737 ließen die Jesuiten auf dem Grundstück, heute Schlösserstraße 5, ein Kollegien- und Schulgebäude im Stil des Barock errichteten. 1774 wurde die Schule ein katholisches Gymnasium. Das Gebäude selbst existiert noch heute, wird aber schon lange nicht mehr als Schule genutzt. Der Zaun unmittelbar links vom Gebäude versperrte einst den Weg zwischen Jesuitenkolleg und dem Nachbargebäude, heute gelangt man ungehindert von der Borngasse zur Schlösserstraße. Das von einem unbekannten Fotografen zwischen 1860 und 1865 aufgenommene Bild gestattet einen Blick durch die Straße bis zum Turm der Predigerkirche und zeigt, wie schmal sie einst war.

Im Frühjahr 1945 wurden die Häuser Schlösserstraße 1–4 durch Bomben zerstört und nicht wieder aufgebaut. So ist heute die Nummer 5 das erste Gebäude am südlichen Rand der Häuserzeile. Tausende Fußgänger, die Straßenbahnen und der Lieferverkehr drängen sich heute tagtäglich durch die Schlösserstraße.

Lutherdenkmal

Martin Luther, der wohl berühmteste Student der Alten Erfurter Universität, wurde am 10. November 1483 in Eisleben geboren. Nach dem Schulbesuch in Eisenach kam er 1501 nach Erfurt und wurde in die ehrwürdige Alma Mater Erfordensis eingeschrieben. Nach erfolgreichem Studium der sieben freien Künste und dem Abschluss als Magister Artium begann Luther ein Jurastudium. Als er 1505 bei Stotternheim in ein schweres Gewitter geriet, betete er zur Heiligen Anna, dass er Mönch werden wolle, sollte er das Gewitter überleben. Die weitere Geschichte ist bekannt, er wurde Augustinermönch, studierte Theologie und promovierte schließlich in Wittenberg zum Doktor der Theologie und brachte mit seinen 95 Thesen u.a. gegen den Ablasshandel die Reformation in Gang. Der 1883 gegründete Erfurter Lutherdenkmal-Verein (im Jahr des 400. Geburtstages des Reformators) sammelte fleißig Geld für ein Denkmal und konnte schließlich dem Berliner Bildhauer Prof. Fritz Scharper den Auftrag erteilen, eine überlebensgroße Plastik zu gestalten.

Am 30. Oktober 1889 wurde das Lutherdenkmal unmittelbar an der Kaufmannskirche am Anger enthüllt, in der Luther 1522 mehrere Predigten hielt. Die historische Fotografie von 1894 stammt vom Hoffotografen Karl Festge. Links im Hintergrund ist das Haus Anger 81 zu sehen. Heute steht an dieser Stelle ein Geschäftshaus.

Dr MARTIN LUTHER

Haus zum Stockfisch in der Johannesstraße

Um 1890 lichtete Baurat Otto Erlandsen das Haus zum Stockfisch in der Johannesstraße ab. Seinerzeit hatte Moritz Wahl dort seine Damenmäntel-Fabrik. Der Waidhändler und Biereige Paul Ziegler ließ Anfang des 17. Jahrhunderts das prächtige Wohn- und Geschäftshaus im Stil der Spätrenaissance auf einem mittelalterlichen Keller errichten. Die Angehörigen der Familie Ziegler gehörten zu den angesehensten Bürgern der Stadt, deren Name seit 1216 in Erfurt nachweisbar ist. Viele Herren aus der Familie Ziegler waren Ratsherren im Erfurter Stadtrat, Rektoren der Alten Erfurter Universität oder Domherren zu Erfurt. Die schachbrettartige Fassadengestaltung sucht ihresgleichen in Thüringen. Mit Sicherheit benutzten die Steinmetze Schablonen für die einzelnen Felder, dennoch wiederholt sich kein einziges Muster.

Im Haus zum Stockfisch befindet sich heute das Stadtmuseum Erfurt, eines der bedeutenden Geschichtsmuseen der Stadt. Die neu gestaltete und sehenswerte Dauerausstellung bietet faszinierende Einblicke in die Geschichte Erfurts und vermittelt eine Fülle an Wissen und interessanten Fakten. Wechselnde Sonderschauen beleuchten unterschiedlichste Themen. Ein Besuch lohnt sich sehr.

Augustinerstraße

Es gibt einige bekannte Erfurter Fotografen, die es uns sehr leicht machen, ihre Aufnahmen zu datieren. Zu diesen gehörte Georg Aderhold, der grundsätzlich seine Fotografien mit dem Datum der Aufnahme versah. Heute erledigen das unsere digitalen Kameras oder unsere Smartphones eigenständig und speichern Datum, Uhrzeit und mitunter auch GPS-Daten der Aufnahme. Georg Aderhold hat seine Kamera am 4. Juni 1944 an der Einmündung der Augustinerstraße in die Michaelisstraße positioniert und Richtung Nikolaiturm fotografiert. Am rechten Bildrand ist die Gaststätte „Zum Augustiner" erkennbar, heute „Gasthof Schwarzburger Hof".

Die Engstelle in der Bildmitte gibt es heute nicht mehr, die Gebäude links und rechts wurden am 19. Februar 1945 durch Bomben zerstört. Auch das Gebäude mit dem Hinweis auf das „Restaurant zur Granate“, das seine Gäste zwischen 1928 und 1945 begrüßte, fiel den Bomben zum Opfer. Erst in den 2000er-Jahren wurden die kriegsbedingten Lücken durch Neubauten geschlossen.

Michaelisstraße / Allerheiligenstraße

Die Allerheiligenstraße ist unter diesem Namen seit 1531 nachweisbar, doch dürfte sie schon wesentlich länger existieren. Schließlich wurde die Michaeliskirche an der Einmündung zur Allerheiligenstraße erstmals Ende des 12. Jahrhunderts erwähnt und wurde sicherlich nicht auf freiem Feld errichtet.

Das Haus zum güldenen Stern, das seit 1459 an der Allerheiligenstraße 11 steht, befindet sich im ehemaligen „lateinischen Viertel“. In früheren Zeiten erhielt dieser Bereich seinen Namen, weil die Studenten der alten Erfurter Universität sich meist in lateinischer Sprache unterhielten.

Obwohl die historische Fotografie erst aus dem Jahr 1980 stammt, kann sie durchaus als „historisch“ bezeichnet werden. Prof. Hermann Saitz fing mit seiner Kamera nicht nur

Bauarbeiten an der Michaeliskirche und das Gebäude Michaelisstraße 12 (das Eckhaus am linken Bildrand) ein, sondern auch die Häuser Allerheiligenstraße 13 bis etwa Allerheiligenstraße 8.

Besonders markant ist das Haus in der Allerheiligenstraße 11 mit seinem charakteristischen Erker im ersten Obergeschoss. Hier hatte der Münzmeister Funke seine Werkstatt und stellte die Lettern für den ersten Druck in Erfurt nach Gutenbergs neuer Methode her. Dieser erste Druck war ein Ablassbrief von Papst Sixtus IV., der allen Gläubigen Ablass gewährte, die zum Wiederaufbau der beim Stadtbrand von 1472 zerstörten Kirchen beitrugen.

Barfüßerstraße

Am 6. Juni 1944 fotografierte Georg Aderhold in der Barfüßerstraße. Rechts sind die Häuser Barfüßerstraße 9 bis 13 zu sehen, links die Klosterkirche der Franziskaner, die wegen ihrer Gewohnheit, barfuß zu gehen, auch „Barfüßer“ genannt wurden. Fünf Monate später verwandelten Bomben diesen Bereich in eine Trümmerlandschaft. Nicht nur die Kirche, sondern auch die gegenüberliegenden Wohnhäuser wurden dabei vollständig zerstört.

Um die Trümmer zu beseitigen, hatten die Erfurter Verkehrsbetriebe 1946/47 neun Beiwagen der Straßenbahn zu Schuttloren umgebaut, die bis 1948 den Schutt zu den Entladestellen

am Stadtrand transportierten. Für diese Trümmerbahn wurde nach 1946 extra ein Gleis vom Anger durch die Weitergasse zur Barfüßerkirche verlegt.

Die Wunden des Zweiten Weltkriegs sind verheilt, doch die Narben sind noch heute erkennbar. Die Ruine der Barfüßerkirche erinnert uns täglich an die Weisheit „Friede ernährt, Unfriede verzehrt", ein Zitat, das Herzog Ernst I. von Sachsen-Gotha, genannt „der Fromme", zugeschrieben wird. Heutzutage wird die Ruine der Barfüßerkirche auch als Veranstaltungsort genutzt.

Benediktsplatz

Obwohl man vermuten könnte, dass dieser Platz nach Joseph Ratzinger bzw. Papst Benedikt XVI. benannt ist, liegt man damit falsch.

Einst stand hier die westliche Brückenkirche der Krämerbrücke, die Benediktikirche. Sie diente den Kleinhändlern als Gotteshaus, die auf der Brücke ihre „Kramswaren mit der Elle auszumessen und mit dem kleinen Gewicht zu verkaufen“ versuchten. Vermutlich wurde die Kirche 1325, zeitgleich mit der Errichtung der steinernen Krämerbrücke, ebenfalls als steinernes Bauwerk errichtet. Vorgängerbauten wird es mit Sicherheit gegeben haben. Bei dem großen Stadtbrand 1472 wurde die Benediktikirche völlig zerstört, bald aber wieder aufgebaut.

In der Reformationszeit ging die Benediktikirche an die Reglergemeinde über, die sie jedoch nur selten für Gottesdienste nutzte. 1807 erwarb der Kaufmann Sigismund George die Kirche und ließ sie wenige Jahre später abreißen. Den Turm der Benediktikirche hat er umbauen lassen und nutzte ihn als Wohnstätte, bis auch der Turm im Jahr 1890 abgerissen wurde, um der geplanten Rathausbrücke Platz zu machen.

Die Platzstruktur hat sich deutlich verändert und nach der jüngsten Umgestaltung ist nun der Grundriss der Benediktikirche im Straßenbelag sichtbar. Auch die dort ansässigen Gewerbe haben sich gewandelt, und die Gebäudesubstanz, besonders am südlichen Platzrand, zeigt heute ein anderes Bild. Die historische Aufnahme stammt etwa aus dem Jahr 1890.

Benediktsplatz / Michaelisstraße

Einen anderen Blickwinkel auf den Benediktsplatz in Richtung der Michaelisstraße gestattet die historische Aufnahme, die 1964 im Auftrag des Stadtplanungsamtes Erfurt entstand.

Das Gebäude mit der Aufschrift „Konsum" am linken Bildrand wurde in den 1970er-Jahren abgerissen. Auf der entstandenen Freifläche wurde in den späten 1970er-Jahren während der Krämerbrückenfeste regelmäßig eine Bühne für Musiker errichtet, die die Besucher des Altstadtfestes unterhielten. Das zweite Gebäude in der Häuserreihe links wird als die „Feuerkugel" bezeichnet.

Anfang der 2000er-Jahre wurde die Freifläche mit einem neuen Gebäude bebaut, was kontrovers diskutiert wurde. Wie auch schon in früheren Zeiten gewöhnt man sich an den Anblick neuer Gebäude. Das rechts zu sehende Bauwerk zeigt sich heute im ursprünglichen Fachwerk und beherbergt unter anderem eine Gaststätte.

Der Name „Benediktsplatz" wurde erst ab dem Jahr 1831 verwendet; zuvor trug er den Namen „Vor der Krämerbrücke". Ab 1870 war der Platz Bestandteil der Michaelisstraße und erhielt erst 1991 seine historische Bezeichnung „Benediktsplatz" zurück.

Juri-Gagarin-Ring / Löberstraße I

Baustellen sind im Stadtbild fast alltäglich und oft Grund für einigen Unmut bei Verkehrsteilnehmern und Anwohnern. Das war im 19. Jahrhundert nicht anders: Eine der spektakulärsten Großbaustellen war neben dem Umbau des einstigen äußeren Wallgrabens zum Flutgraben zwischen 1890 und 1898 auch die zeitgleich begonnene Zuschüttung des inneren Wallgrabens – der Wilden Gera.

Als diese Arbeit abgeschlossen und die neue Ringstraße fertiggestellt wurde, benannte man diese im Jahr 1903 mit Bezug auf die geografische Lage als „Kartäuserring", „Löberring", „Reglerring", Krämpferring" und „Johannesring". Seit 1964 heißt die gesamte Ringstraße Juri-Gagarin-Ring, in Erinnerung an den ersten Menschen im Weltall.

Das historische Foto entstand zwischen 1890 und 1891 an der heutigen Kreuzung Juri-Gagarin-Ring / Löberstraße. Hugo Büchner hatte im richtigen Moment auf den Auslöser seiner Plattenkamera gedrückt und neben dem Baugeschehen auch eine Pferdebahn der „Grünen Linie“ abgelichtet, die vom Schießhaus (nahe der Thüringenhalle) über den Hirschgarten zur Post am Anger fuhr. Auf der rechten Seite sind Fragmente der Stadtbefestigung erkennbar, während im Hintergrund links auch ein Wallturm zu sehen ist.

Juri-Gagarin-Ring / Löberstraße II

Wenn Sie den Eindruck haben, gerade ein Déjà-vu zu erleben, brauchen Sie sich keine Sorgen zu machen! Tatsächlich handelt es sich um fast denselben Bildausschnitt wie auf den vorangegangenen Seiten.

Das 1973 beschlossene Wohnungsbauprogramm der führenden Partei in der DDR sah auch für die Innenstadt Erfurts industriellen Wohnungsbau vor, und bis 1990 wurden tatsächlich etwa 1,9 Millionen Wohnungen neu gebaut. Entsprechend der Vorgaben wurden ab Mitte der 1970er-Jahre auch entlang des Juri-Gagarin-Ringes viele Gebäude abgerissen und an ihrer Stelle Plattenbauten errichtet, auch in der damaligen Gartenstraße.

Das historische Foto von Heinz Lutz entstand am 25. Januar 1978 und dokumentiert den Abbruch der letzten verbliebenen alten Gebäude in der Gartenstraße. Der Blick reicht bis zu den Häusern am Hirschlachufer und mittig kann man die Bebauung der Neuwerkstraße erkennen. Links sieht man einen Plattenbau, der noch heute eine begehrte Adresse ist.

Auch aktuell besteht im Bereich der Kreuzung Löberstraße / Juri-Gagarin-Ring eine Baustelle, hier soll ein Geschäftshaus mit Einkaufsmöglichkeiten, Hotel und Tiefgarage entstehen. Die Fertigstellung ist für Ende 2024 geplant.

Juri-Gagarin-Ring / Löberstraße III

Im Zuge der Errichtung der Wohnbebauung an der nördlichen Seite des Juri-Gagarin-Rings verschwand die Gartenstraße zu großen Teilen. Der heutige Fußweg zwischen Lachsgasse und der Verlängerung der Löberstraße entspricht weitestgehend dem Verlauf der einstigen Gartenstraße.

Die Fotografie von Heinz Lutz entstand am 11. November 1977 und zeigt die Situation vor Baubeginn an den Plattenbauten Juri-Gagarin-Ring 23 bis 47. Im Vordergrund ist die Löberstraße zu sehen, die Bebauung entlang der Gartenstraße musste für die Errichtung

der Plattenbauten weichen. Ganz im Hintergrund ist schemenhaft der südliche Turm der Reglerkirche zu erkennen. Das Eckgebäude rechts der Bildmitte ist das Haus Juri-Gagarin-Ring 68/70 an der Ecke zur Breiten Gasse.

Die Situation heute ist eine gänzlich andere, auch wenn es in diesem Bereich immer noch einen Parkplatz gibt. In dem Gebäude links (Juri-Gagarin-Ring 29b) befindet sich heute eine Gaststätte.

Juri-Gagarin-Ring / Karl-Marx-Platz

Bis Ende der 1890er-Jahre führte im Bereich des heutigen Karl-Marx-Platzes eine Brücke – Vogelsbrücke genannt – über die Wilde Gera und verband den Dalbergsweg mit der Neuwerkstraße. Der Name nahm sicherlich Bezug auf das in der Nähe befindliche Etablissement „Vogels Garten", das heute als Stadtgarten bekannt ist.

Der heutige Karl-Marx-Platz trug früher die Bezeichnung Reichardt-Platz, später Kaiserplatz bzw. Kaiser-Wilhelm-Platz. Die etwa aus dem Jahr 1897 stammende historische Fotografie zeigt die Wilde Gera kurz vor Beginn der Verfüllung und der anschließenden

Errichtung der Ringstraße. Die Vogelsbrücke wurde im Zuge der Bauarbeiten abgebaut und in den Dreienbrunnenpark versetzt. Dort ist sie zwar bis heute erhalten geblieben, die Idylle von einst gibt es jedoch heute nicht mehr, auch wenn die Grünanlagen in diesem Bereich ein kleines Gegengewicht zur vielbefahrenen Kreuzung Juri-Gagarin-Ring / Neuwerkstraße bzw. Dalbergsweg darstellen. Den einzigen Fixpunkt zur Orientierung bietet das auf der historischen Fotografie teilweise verdeckte Haus Dalbergsweg 1 in der Bildmitte.

Regierungsstraße / Lange Brücke

Um 1900 wurde diese Fotografie in der Regierungsstraße angefertigt. Prominent ist in der Mitte das Haus zum Vierherren, mit vollem Namen „Zum gelben halben Mond“ und „Zum bunten Schiffchen und Vierherrn“, zu sehen.

Heinrich Kellner, Anfang des 16. Jahrhunderts Obervierherr (Ratsmeister), hatte einst dieses Haus mit seiner Familie bewohnt. Während des „Tollen Jahres“ 1509/1510 nahmen ihn aufgebrachte Bürger gefangen, folterten ihn und richteten ihn schließlich hin.

Die Werbeaufschrift auf der Giebelseite: „A. Burghardt Nachf. Ihn. M. Appell. Weingroßhandlung. Hoflieferant Sr. Königl. Hoheit des Großherzogs von Sachsen. Gegründet 1786.“, ist schon lange verschwunden.

Die Straßenbahngleise der „Grünen Linie“, 1883 eröffnet und seit 1894 elektrifiziert, sind gut zu erkennen. Der Transport von Waren aller Art erfolgte zu jener Zeit aber noch überwiegend mit Pferdefuhrwerken.

Die Häuser am linken Bildrand wichen Mitte der 1980er-Jahre den ehrgeizigen Plänen, ein Kulturhaus am Hirschgarten zu errichten, das, nachdem der Rohbau fertiggestellt war, vom Volksmund „Schiffshebewerk“ genannt wurde. An seiner Stelle lädt heute der Hirschgarten zum Verweilen ein.

Juri-Gagarin-Ring / Trommsdorffstraße

Im November 1970 platzierte Heinz Lutz seine Kamera an der Kreuzung Juri-Gagarin-Ring / Trommsdorffstraße. Rechts sieht man das Gebäude, in dem bis zum Ende der DDR das Wehrkreiskommando der Nationalen Volksarmee untergebracht war, heute ist dort die Außenstelle Erfurt des Eisenbahnbundesamtes zu finden. Im Hintergrund erkennt man das

noch in Bau befindliche Punkthochhaus an der Kreuzung Juri-Gagarin-Ring / Krämpferstraße (Juri-Gagarin-Ring 126a). Die Bebauung am rechten Straßenrand hat sich kaum verändert, nur die Fassaden erhielten eine Auffrischung. Auch das Hochhaus weist nach einer Modernisierung eine neue Fassade auf.

Juri-Gagarin-Ring / Krämpferstraße

Im Jahr 1973 fotografierte Harald Reinhardt den Kreuzungsbereich Juri-Gagarin-Ring / Krämpferstraße. Mittig ist das im Bau befindliche Hotel „Kosmos" zu sehen. Links neben dem Rohbau sind die Rückseiten der Häuser Johannesstraße 177 bis etwa 174 zu erkennen.

Die Bauarbeiten am Hotel begannen bereits 1969, mussten aber schon ein Jahr später wegen Geldmangels gestoppt werden. Bis dahin waren Kellergeschoss, Erdgeschoss und das erste Obergeschoss fertiggestellt. Die Arbeiten wurden erst 1976 fortgesetzt und der Bau

konnte schließlich 1979, wenige Tage nach dem 30. Jahrestag der DDR, übergeben werden. Der Hotelbetrieb wurde 1980 aufgenommen.

Der Name des Hotels nimmt Bezug auf den Juri-Gagarin-Ring, der zu Ehren des ersten Menschen im Weltall, Juri Gagarin (1934–1968) benannt wurde. Heute gehört das Vier-Sterne-Hotel zur Radisson-Gruppe.

Espachbad

Am 4. August 1899 war in der Beilage des „Allgemeinen Anzeigers“ unter „Lokales“ folgendes zu lesen:

„Erfurt, Donnerstag, 3. August.

Die Badeanstalt im Eßbach ist heute dem Verkehr übergeben worden. Die neue Schöpfung hat sich als ein Werk vorzüglicher Einrichtung erwiesen, das den Besuch des Bades geradezu als einen Genuß erscheinen läßt. Das oben an den Sprungbrettern 4 Meter tiefe Bassin erstreckt sich in respectabler Ausdehnung abwärts bis zu dem gegen die Friedrichstraße [heute Straße des Friedens (Anm. d. A.)] hinabreichenden Teiche, der nun ebenfalls gefüllt ist. Das Wasser des Bassins ist in beständiger Bewegung, ein Stagniren ist infolge der getroffenen Abflußeinrichtungen unmöglich. Das neue Bad, das der bewährte Bademeister Zinserling wieder leitet, dürfte sich regen Besuchs erfreuen.“

Welch Blick in die Zukunft! Bis zur Schließung des Espachbades 1992 tobten hier während der warmen Jahreszeit die heranwachsenden Erfurter und manchmal auch deren

Erziehungsberechtigte. Erstmals richtete Familie Zinserling am Espach-Wehr, dem Zulauf des Esbaches in den Walkstrom, eine Badeanstalt ein, die wenige Jahre später zu einem öffentlichen Badeplatz ausgebaut wurde. Schließlich wurde im Zuge der Errichtung des Flutgrabens in den späten 1890er-Jahren eine neue Badeanstalt errichtet, deren Reste – das einstige Bademeisterhaus – noch heute zu sehen sind.

Das Erfurter Unternehmen Staufenbiel übernahm damals die Arbeiten für rund 3.500 Mark, heute etwa 27.000 Euro. Das historische Foto entstand um 1970, und deutlich ist erkennbar, dass das Espachbad sich großer Beliebtheit erfreute.

Heute geht es geruhsamer auf dem Gelände des ehemaligen Freibades zu: der Spiel- und Bürgerpark Espachbad wurde offiziell im April 2011 eröffnet und im einstigen Bademeisterhaus lädt das „Café Espach“ zu Kaffee und Kuchen.

Badespaß im Venedig

Mehr als 140 Brücken überspannen in Erfurt die Flussläufe der Gera. Die neueste Brücke ist die 2022 fertiggestellte Fußgängerbrücke am Schmidtstedter Knoten, die auch „Promenadendeck“ genannt wird. Sie überspannt nicht nur den Flutgraben, sondern auch die Stauffenbergallee. Die älteste Brücke ist die Lehmannsbrücke im Verlauf der Augustinerstraße, welche 1108 als „Liepwinesbrucca“ erstmals erwähnt wurde.

Rund 200 Meter nördlich der Lehmannsbrücke überspannt die im Foto erkennbare Brücke im Verlauf der Verbindung zwischen Moritzstraße und Weidengasse den Breitstrom. Um 1933 entstand die historische Fotografie aus dem Archiv von Ilse Franke. Bestimmt

hatten die Kinder großen Spaß beim Baden in den heißen Sommermonaten Anfang der 1930er-Jahre. Für dieses Foto in Blickrichtung Norden mussten sie allerdings stillhalten. Heute zeigt sich das Quartier Venedig als Parklandschaft mit besonderem Flair und großem Erholungswert. Das Baden in der Gera ist heute eher nicht mehr üblich und wird auch nicht empfohlen, auch wenn es gesundheitlich sicherlich unbedenklich wäre. In den Freibädern in und um Erfurt macht es bestimmt mehr Spaß. Das auf der historischen Aufnahme erkennbare Gebäude am rechten Bildrand existiert heute nicht mehr und die Brücke wurde 1990 neu gebaut.

Ecke Spielbergtor / Windthorststraße

Unmittelbar an der vielbefahrenen Straße, die zwischen Hauptbahnhof und Stadtpark Richtung Weimar führt, beginnt die nach Süden am Stadtpark vorbeiführende Windthorststraße, die 1945 nach dem Politiker und Juristen Ludwig Windthorst (1812–1891) benannt wurde. Die historische Fotografie entstand um 1915 und zeigt das nach 1903 errichtete Gebäude des „Park Hotels". Der Besitzer warb seinerzeit mit „moderaten Übernachtungspreisen ab 2,50 Mark und erstklassigem Mittagstisch ab 90 Pfennig". Die damaligen Preise entsprechen heute etwa 19 € für die Übernachtung und 6,70 € für den „erstklassigen Mittagstisch".

Wenige Gehminuten vom Hauptbahnhof entfernt war es bei Besuchern ein beliebtes Hotel, das beide Weltkriege überstand und bis Anfang der 1960er-Jahre zumindest als Gaststätte Bestand hatte. Heute ist es ein Wohnhaus in, wie es so schön heißt, „zentrumsnaher und verkehrsgünstiger Lage“. Die Bäume vor dem Haus sind ordentlich gewachsen, der Bekleidungsstil hat sich gewandelt und die Treppe hinauf zum Hoteleingang sucht man heute vergebens. Rechts auf der historischen Fotografie ist ein Lieferfahrzeug der damaligen Zeit, ein Pferdefuhrwerk, zu erkennen. Heute ist die Straße den Radfahrern vorbehalten und die Straßenbahnen fahren in einem separaten Bereich.

Weimarische Straße / Rudolstädter Straße

Auf dem historischen Foto, das im Auftrag des Stadtplanungsamtes 1987 gefertigt wurde, ist deutlich die Abzweigung von der Weimarischen Straße zur Rudolstädter Straße zu erkennen.

Das Gebäude an dieser Ecke, Weimarische Straße 39, beherbergte im Erdgeschoss die Gaststätte „Zum Güterbahnhof“, die in den 1950er-Jahren von Gertrud Jäger betrieben wurde. Hier trafen sich die Reichsbahner nach einer anstrengenden Schicht auf dem nahe

gelegenen Güterbahnhof zum Feierabendbier. Bis Ende der 1980er-Jahre war die Gaststätte in Betrieb, in den 1990er-Jahren fiel das Gebäude der Umgestaltung der Weimarischen Straße zum Opfer. Auch die Einmündung von der Weimarischen Straße in die Rudolstädter Straße gibt es so nicht mehr, und erst recht keine Durchgangsstraße mit regem Bus-, Lkw- und Pkw-Verkehr. Auf dem aktuellen Foto ist die Rudolstädter Straße am rechten Bildrand zu erkennen.

Weimarische Straße / Clara-Zetkin-Straße

Ab 1806 begrüßte das Gast- und Logierhaus „Drei Rosen“ seine Gäste an der Ecke Weimarische Straße / Clara-Zetkin-Straße. Inhaber war Oscar Schollemann.

Die Vorderseite dieser Postkarte aus dem Archiv von Werner Schulz zeigt das Gebäude, vor dem viele Menschen dem Fotografen zuschauten. Die elektrische Straßenbahn, direkt

vor dem Gasthaus zu sehen, fuhr auf der „Blauen Linie“ von der Weimarischen Straße Richtung Gothaer Platz. Sowohl das Hotel „Drei Rosen“ als auch die benachbarten Gebaude wurden 1973 im Zuge der Umgestaltung des Schmidtstedter Knotens (Süd) abgerissen.

Brühl / Benaryplatz I

Im Jahr 1950 fotografierte Helmut Peinhardt den damaligen Philipp-Müller-Platz, heute Benaryplatz. Am linken Rand sind Häuser der Straße des Friedens südlich des Gothaer Platzes zu erkennen. Die Straßenbahn fährt gerade an der Villa von John Benary, einem Sohn des Gärtnereibesitzers Ernst Benary, vorbei.

John Benary (1853–1926) war in der väterlichen Gärtnerei als Prokurist tätig und ab 1895 auch Stadtverordneter. Hinter dem Zaun befinden sich die gärtnerischen Produktionsflächen

der einstigen Gärtnerei Benary, zum Zeitpunkt des Fotos bereits als VEG Saatzucht Erfurt verstaatlicht. Heute bietet sich an selber Stelle ein gänzlich anderes Bild: Über das einstige Firmengelände der Gärtnerei bzw. des VEB Funkwerk Erfurt führt nun die Bonemilchstraße durch das Quartier, zahlreiche Neubauten sind in den letzten beiden Jahrzehnten entstanden.

Die Straßenbahnen fahren noch immer über den Benaryplatz und auch die Haltestelle ist fast an selber Stelle zu finden.

Brühl / Benaryplatz II

Bis in die späten 1970er-Jahre hinein war in der Nähe der Haltestelle Philipp-Müller-Platz ein Blumengeschäft, wo Schnittblumen und viele anderen Gewächse angeboten wurden. Das Besondere war ein flacher Teich im Inneren des Geschäftes, in dem Goldfische umherschwammen.

Als Kind habe ich den Aufenthalt in diesem Blumenpavillon immer sehr genossen. Allein der Duft von frischem Grün, dazu der Goldfischteich – das reichte fast an die Scheibe Leberkäse beim Fleischer gleich nebenan in der Brühler Straße heran!

Der Blumenpavillon machte Ende der 1970er-Jahre dem „Freßwürfel" Platz – das Funkwerk Erfurt errichtete dort für seine Mitarbeitenden eine neue Kantine, die auch der

Öffentlichkeit als Gaststätte zur Verfügung stand. Das historische Foto aus dem Jahr 1961 zeigt rechts die Villa von Ernst Benary in der Brühler Straße 4. Der Gartenbauunternehmer hatte dieses Gebäude ab 1878 vom Maurermeister und Erfurter Baurat Ferdinand Schmidt errichten lassen. Ernst Benary gehörte mit einem Jahreseinkommen von rund 186.000 Mark (ca. 1,5 Mio. Euro) zu den reichsten Bürgern Erfurts, was der Villa durchaus anzusehen ist. Heute präsentiert sich dieser Bereich in anderem Gewand: Wohnhäuser bieten den Menschen eine Heimstatt, wo einst der Blumenpavillon den Anwohnern Freude brachte.

Dom und Severikirche

Tief verwurzelt im Bewusstsein der Einheimischen sind der Dom St. Marien und die Severikirche. Nicht unverdient stehen die Silhouetten beider Kirchen als Markenzeichen für die Stadt Erfurt. Sie sind nicht nur religiöses Erbe aus dem 8. Jahrhundert, sondern auch tatsächlich Teil der Identität der Erfurter. Fragt man einen Erfurter, was ihm am wichtigsten ist, hört man häufig: Mein Dom! Egal, ob getauft, katholisch, evangelisch oder atheistisch – die Erfurter lieben ihren Dom.

Eine ungewöhnliche Ansicht bietet das Foto, welches zwischen 1895 und 1900 entstand. „Unser Dom", die Bischofskirche Erfurts, geht auf eine Taufkapelle des Heiligen Bonifatius

zurück, der auf dem Domberg die heidnischen Bauern im 8. Jahrhundert zum Christentum bekehrte. Im Vordergrund erkennbar sind Reste des einstigen Königin-Luise-Parks, der nach 1814 am nördlichen Ende des Domplatzes gestaltet wurde. Heute muss der Fotograf einen Standort an der Böschung des Petersberges suchen, um diesen Blick einzufangen.

Der Aufgang zu Dom und Severikirche von Norden her ist nun grundsätzlich anders, dennoch bietet auch die heutige Ansicht ein vertrautes Bild. Die Straße „Lauentor" wurde erst in den 1920er-Jahren gebaut und durchschnitt die Erhebung zwischen Domplatz und Petersberg.

Kirche St. Peter und Paul

Die Zitadelle Petersberg, eine der besterhaltenen innerstädtischen barocken Festungen in Europa, war einst das Domizil der Mönche des Benediktinerordens, die ihre Klosterkirche ab 1060 im Stil des Hirsauer Klosters errichten ließen. Wie üblich waren auf dem Klosterareal zahlreiche Wirtschaftsgebäude verteilt, der zentrale Ort des Klosters war aber immer die Kirche St. Peter und Paul.

Im Verlauf der Jahrhunderte blieb der Baukörper der Kirche weitgehend erhalten. Die Zwillingstürme der Kirche sind bei einem Bombardement preußischer Truppen im November 1813 zerstört worden. Die Klosterkirche erfuhr nach der Aufhebung des Klosters 1803

verschiedene Nutzungen: Magazin, Vorratsspeicher, Kunsthalle – womit nicht alle Nutzungen in den vergangenen fast 350 Jahren genannt sind.

Das historische Foto, das zwischen 1900 und 1910 entstanden ist, zeigt die Peterskirche und einige Nebenbauten auf dem Petersberg-Plateau. Das kleinere Gebäude in der Mitte diente um 1900 als Magazin, rechts ist das „Haus 12" teilweise erkennbar. Nach einer grundlegenden Restaurierung nach 1990 beheimatet dieses Gebäude heute das Landesamt für Denkmalpflege.

Zur Bundesgartenschau 2021 war der Platz mit Sträuchern und allerlei Blumen geschmückt. Heute gibt es eine großzügige Grünfläche vor der ehemaligen Klosterkirche.

Defensionskaserne auf dem Petersberg

Der Platz vor der einstigen Klosterkirche des Benediktinerordens und der ab 1831 errichteten Defensionskaserne war zwischen den 1960er- und 1980er-Jahren der Verkehrserziehung heranwachsender Erfurter vorbehalten. Hier konnten Kinder und Jugendliche mit Fahrrad und Roller die grundlegenden Regeln des Straßenverkehrs spielerisch erlernen.

Bestimmt fand der theoretische Teil der Verkehrserziehung im Pionierhaus statt, das seit 1963 im ehemaligen Kommandantenhaus untergebracht war. Noch heute findet man auf dem Plateau einen freien Platz, den Verkehrsgarten sucht man hier jedoch vergebens – er ist nun nördlich der Defensionskaserne zu finden.

Kommandantenhaus auf dem Petersberg

Vom „Balkon der Erfurter", wie die Aussichtsterrasse auf dem Petersberg-Plateau auch genannt wird, hat man nicht nur einen grandiosen Blick auf das Stadtzentrum, sondern auch auf das Peterstor und die steinerne Brücke, die dorthin führt.

Das historische Foto stammt aus dem Fundus von Prof. Hermann Saitz, der es vermutlich in den 1980er-Jahren selbst aufnahm. Das Foto dokumentiert, dass das Areal der

einstigen Festung auch anderweitig genutzt wurde. Die Baracken und Schuppen im Schatten der mächtigen Mauern der Bastion Leonhard wurden von verschiedenen Gewerbetreibenden genutzt, die auf dem Petersberg ihren Geschäften nachgingen. Heute ist dieser Bereich wesentlich aufgeräumter und bildet ein ansprechendes Entrée für die Besucher der Zitadelle Petersberg.

Schmidtstedter Knoten Nord

In den späten 1960er-Jahren begannen die Planungen für die Umgestaltung des Schmidtstedter Knotens. Nicht nur die Eisenbahnbrücke sollte erneuert und verbreitert werden, auch die Führung des Autoverkehrs und der Fußgänger sollte den gewachsenen Bedürfnissen angepasst werden.

Das historische Foto von 1973 zeigt die damalige Situation am „Nord-Knoten". Links sind die Häuser am Schmidtstedter Ufer zu erahnen. Die Brücke im linken Bereich lag im Verlauf der Schmidtstedter Straße, über sie fuhren unter anderem die Straßenbahnen der damaligen Linie 4 von der Thüringenhalle zur Breitscheidtstraße. Die Brücke wurde zugunsten der heutigen Fußgängerbrücke über Flutgraben und Stauffenbergallee abgerissen. Nördlich ist eine im Bau befindliche Brücke zu erkennen, über die heute sämtlicher Fahrzeugverkehr vom Juri-Gagarin-Ring bzw. Trommsdorffstraße in Richtung Stauffenbergallee / Thälmannstraße fließt. Die abgebildete Bebauung wich zum größten Teil der neuen Verkehrsanlage „Schmidtstedter Knoten Nord". Rechts ist der Straßenverlauf von Süden her in die Scharnhorststraße und ganz rechts in die Thälmannstraße zu erkennen. Das mittlere Gebäude ist das damalige Volksbad an der einstigen Scharnhorststraße, heute die stadteinwärts führende Stauffenbergallee.

Erfurt-Nord

Fußgängerbrücke am Schmidtstedter Knoten

Als Ende der 1960er-Jahre die Planungen für eine Umgestaltung des Schmidtstedter Knotens begannen, war auch eine Fußgängerbrücke Bestandteil der Neugestaltung dieser verkehrstechnisch wichtigen Kreuzung. Fußgänger und Autoverkehr sollten weitestgehend getrennt voneinander geführt werden.

Von der Schmidtstedter Straße in Richtung Thälmannstraße führte die Brücke für Fußgänger über alle Fahrspuren und bot auch einen Abzweig in Richtung Stauffenbergallee,

um direkt zur Weimarischen Straße zu gelangen.

Das historische Foto, eines der jüngsten in diesem Buch, stammt von Reinhard Lemitz, der es 1997 aufnahm. Ab dem Jahr 2020 wurde die Fußgängerbrücke abgerissen und durch einen Neubau ersetzt. Das Promenadendeck mit ähnlicher Wegeführung wurde offiziell am 19. Dezember 2022 für den Fußgängerverkehr freigegeben. Die Brückenkonstruktion aus Stahl scheint auf den ersten Blick leicht und elegant, doch sie hat ein beträchtliches Gewicht von rund 427 Tonnen. Sie ist deutlich breiter als die alte Fußgängerbrücke und bietet Menschen mit Mobilitätseinschränkung eine einfachere Überquerung.

Schmidtstedter Knoten – Flutgraben

Die historische Aufnahme eines unbekannten Fotografen entstand 1920 und zeigt die alte Brücke über den Flutgraben im Verlauf der Schmidtstedter Straße. Heute ist an fast derselben Stelle die Fußgängerbrücke, das Promenadendeck zu finden. Dahinter befindet sich die Eisenbahnbrücke über den Flutgraben, die auch heute noch vorhanden ist.

Die ersten beiden Brückenbögen von rechts überspannen den Flutgraben, unter dem dritten Bogen führt die einstige Franseckystraße, seit 1948 Ilmer Steig genannt, zum Spielbergtor. Die Häuserzeile im Hintergrund wich in den 1970er-Jahren dem Umbau des Schmidtstedter Knotens.

Schmidtstedter Knoten / Thälmannstraße

Ein letztes Bild der Veränderungen am Schmidtstedter Knoten. Wer einst die Fußgängerbrücke über den Flutgraben Richtung Thälmannstraße nutzte, konnte auch gleich die Thälmannstraße überqueren, denn die Brücke führte in einer weiten Schleife auf die nördlich gelegene Straßenseite. Die Aufnahme von Doris Wünsch aus dem Jahr 1996 zeigt dieses durchaus elegante Brückenbauwerk. Leider war die Steigung zu groß, sodass

mobilitätseingeschränkte Menschen diese Überquerung der Thälmannstraße kaum nutzen konnten. Und die Nicht-Mobilitätseingeschränkten überquerten, unter Missachtung der Vorschriften, lieber direkt die Thälmannstraße, weil der Weg einfach „zu lang“ war. Fußgänger sind in dieser Beziehung sehr empfindlich.

egapark / iga Haupteingang

Ab den späten 1950er-Jahren wurde das Gelände um die ehemalige Cyriaksburg im sogenannten Nationalen Aufbauwerk zu einem Ausstellungsgelände umgestaltet. Heute erinnert am Haupteingang zum egapark die von Fritz Cremer (1906–1993) geschaffene Skulptur „Der Aufbauhelfer" an den Einsatz der Freiwilligen, die in über 416.000 Arbeitsstunden mehr als 100.000 Kubikmeter Erde bewegten und rund 18 Kilometer Straßen und Wege neu

bauten. Das historische Foto hat Christine Riesterer, Fotografin des Stadtarchivs Erfurt, im Jahr 1988 aufgenommen. Auch wenn die baulichen Einrichtungen des Haupteinganges sich kaum verändert haben, ist dennoch ein Unterschied zur heutigen Situation erkennbar.

egapark / iga – Danakil

Die zentrale gastronomische Einrichtung auf der iga, dem heutigen egapark, war bis Ende der 1980er-Jahre die „Glashalle“. Hier waren die Kellnerinnen und Kellner auf den Ansturm der iga-Besucher gut vorbereitet. Zudem fanden in der „Glashalle“ Tanzveranstaltungen mit gastronomischem Service, aber auch Tanzstunden-Abschlussbälle statt. Das historische Foto aus dem Jahr 1972 zeigt die Gaststätte „Glashalle“ mit der Rendezvous-Brücke, die nicht umsonst diesen Namen führte: hier traf man sich zu gemeinsamen

Unternehmungen. In Vorbereitung auf die BUGA 2021, die zehn Jahre zuvor an Erfurt vergeben worden war, wurde an der Stelle der Ende der 1990er-Jahre abgerissenen Zentralgaststätte ein Tropen- und Wüstenhaus geplant und errichtet. Dieses wurde pünktlich zur BUGA 2021 für die Besucher eröffnet. Nun können die Gäste zwei sehr unterschiedliche Klimazonen unter einem Dach erleben: Wüste und Regenwald, natürlich mit den jeweils entsprechenden Pflanzen und Tieren.

egapark / iga – Rendezvousbrücke

Ein architektonisches Highlight der Zentralgaststätte „Glashalle“ war seit der Errichtung des Gebäudes Ende der 1950er-Jahre die Rendezvous-Brücke. Von ihr aus hatte man einen direkten Zugang zum Obergeschoss der „Glashalle“. Die Rendezvous-Brücke verband ursprünglich die historische Parkanlage mit den Ende der 1950er-Jahre neu gestalteten

Flächen der iga. An fast derselben Stelle befindet sich heute eine neu errichtete Brücke, die nun in die entgegengesetzte Richtung führt und ebenfalls zu einem beliebten Treffpunkt geworden ist.

Junkersand

Der Junkersand verbindet entlang des Breitstromes die Schlösserstraße mit dem Wenigemarkt und ist eine der wenigen Uferpromenaden in Erfurt. Hier befinden sich die einstigen Wohnhäuser der Musikerfamilie Bach und das Haus in dem Amalie Pachelbel, die Herausgeberin des ersten Strickmusterbuches, wohnte. 1955 wurde diese historische Ansicht über den Breitstrom am Junkersand im Auftrag der Stadtwerbung angefertigt. Im

Vordergrund sind Arbeiter mit der „Flussfege“ beschäftigt, die seinerzeit noch mit Pferdekraft und viel Handarbeit bewerkstelligt wurde. Im Hintergrund sind der Erweiterungsbau des Rathauses und das Gebäude der Sparkasse zu erkennen. Diese freie Sicht vom Junkersand zum Rathaus gibt es heute nicht mehr, in den letzten Jahren entstanden moderne Wohnbauten am gegenüberliegenden Ufer des Breitstromes.

Fischersand

Eine weitere Uferpromenadenstraße in Erfurt ist der Fischersand. Dieser Straßenzug führt von der Langen Brücke zum Herrmannsplatz. In der Nähe der Langen Brücke mit Blickrichtung zum Herrmannsplatz wurde hier 1920 ebenfalls die Flussfege abgelichtet. Möglicherweise ist die hier gezeigte Abbildung eine private Fotografie, denn der Fotograf Herrmann Göckler ist 1921 im Adressbuch der Stadt Erfurt als „Elfenbeinschnitzer“ benannt und wahrscheinlich kein professioneller Fotograf.

Die Flussfege ist auch heute noch üblich, allerdings ziehen diese Arbeiten nicht mehr so viele begeisterte und neugierige Zuschauer an.

Lange Brücke

Über die Lange Brücke, im 12. Jahrhundert als „longus pons“ erstmals erwähnt, führte einst eine bedeutende Handelsstraße, die „Nürnberger Geleitstraße“. In ihrem Verlauf führen zwei Brücken über Bergstrom und Walkstrom, zwei Flussläufe der Gera. Der auf der Fotografie abgebildete Bereich ist heute vorwiegend Fußgängern und Radfahrern vorbehalten.

Ab 1898 fuhren auch die Straßenbahnen der „grünen Linie“ von der Nordhäuser Straße zum Schützenhaus über die Lange Brücke. Wegen der beengten Verhältnisse hatte man die Strecke 1939 stillgelegt und in den 1950er-Jahren die Gleise zurückgebaut. Das um 1905 entstandene Foto zeigt eine Bahn, die soeben die Brücke über den Bergstrom in Richtung Schützenhaus passiert. Das Eckhaus im Hintergrund an der Ecke Stunzengasse ist das Haus Lange Brücke 57.

Hermannsbad

Georg Aderhold hatte am 10. Juni 1944 seine Kamera am Herrmannsplatz positioniert und lichtete das als „Hermannsbad" bekannte Stadtbad ab. Es wurde am 18. August 1879 eröffnet und ersetzte die städtische Badeanstalt am Fallloch (Domplatz). Zu dieser Aktien-Badeanstalt gehörte neben den Dampf-, Brause- und Wannenbädern auch eine Schwimmhalle, die älteren Erfurtern noch bekannt sein dürfte, denn hunderte Erfurter

Kinder hatten hier Schwimmunterricht. Anfang der 2000er-Jahre wurde die Schwimmhalle abgerissen und an ihrer Stelle Wohnhäuser errichtet. Das noch vorhandene Gebäude ist ebenfalls saniert und zu Wohnzwecken umgebaut worden. Nur der Schriftzug „Dusche & Dampf-Bäder. Wannenbäder" an der Fassade erinnert heute noch an die einstige Aktien-Badeanstalt.

Gothaer Platz / Heinrichstraße

Einst drängten sich Pkw, Lkw, Straßenbahnen und Fußgänger aus Richtung Stadtmitte nach Norden und Westen an der Kreuzung Gothaer Platz / Gothaer Straße / Heinrichstraße. Das Foto hat ein Bildredakteur der Tageszeitung „Das Volk" am 22. Oktober 1975 aufgenommen.

Wenig später wurde der Kreuzungsbereich großzügig umgestaltet, indem man die Straßenbahngleise in die Rudolfstraße verlegte und die Heinrichstraße vierspurig ausbaute,

sodass sie einige hundert Meter nördlich die Binderslebener Landstraße kreuzt. Bereits in den 1970er-Jahren war dort eine kreuzungsfreie Gestaltung geplant, die jedoch aus wirtschaftlichen Gründen damals nicht verwirklicht werden konnte. Erst zum Ende der 1990er-Jahre wurden die ursprünglichen Planungen realisiert.

Gothaer Platz

Seit der Eröffnung der Erfurter Elektrischen Straßenbahn im Jahr 1894 war der Gothaer Platz als Endhaltestelle in das Liniennetz der Erfurter Straßenbahn eingebunden. Auf Höhe der heutigen Meineckestraße gab es eine Ausweichstelle, sodass die Wagen an der

Endhaltestelle aneinander vorbei fahren konnten.

Erst Anfang der 1960er-Jahre wurden die Gleise in Richtung des heutigen egapark verlängert. Das historische Foto entstand um 1910 und zeigt einen Triebwagen der „blauen Linie“, die vom Gothaer Platz über Domplatz, Fischmarkt und Anger zur Weimarischen Straße führte. Im Hintergrund sind Häuser der Rudolfstraße erkennbar. Die einstige Haltestelle Gothaer Platz ist nach der Umgestaltung des Kreuzungsbereiches in den späten 1970er-Jahren zum einstigen Haupteingang des VEB Funkwerk verlegt worden, wo sie sich auch heute noch befindet.

Rudolfstraße

Einst war der Gothaer Platz und die Kreuzung Heinrichstraße / Rudolfstraße ein idyllisches und pittoreskes Fleckchen in Erfurt. Das Restaurant „Brühler Terrasse“ hatte Heinrich Saalfeld Anfang des 20. Jahrhunderts erworben und bot, neben einem Saal mit rund 400 Plätzen, drei Vereinszimmer und einen Garten mit 250 Plätzen. Das Restaurant mit eigener Hausschlachtung war eine bei Sonntagsausflüglern sehr beliebte Gaststätte und die benachbarte Artillerie-Kaserne in der Rudolfstraße brachte auch über die Woche

zahlreiche Gäste. In den 1930er-Jahren befand sich hier das Clubhaus „Cyriaksburg“ des Sportclubs Erfurt e.V.

Nach dem Zweiten Weltkrieg wurde die „Brühler Terrasse“ als Klubhaus des VEB Funkwerk weiter betrieben, und nach einer grundlegenden Sanierung und Modernisierung in den 1990er-Jahren ist sie heute Heimstatt der Freien Evangelischen Gemeinde Erfurt.

Andreasviertel

Den besten Blick über die Innenstadt Erfurts hat man wohl vom Ägidienkirchturm am östlichen Ende der Krämerbrücke. Die Kirche, deren erste Erwähnung ins Jahr 1110 fällt, ist dem Heiligen Aegidius gewidmet, der im 7. Jahrhundert in Athen geboren worden sein soll. Er ist sowohl Schutzheiliger der Hirten, Jäger, Schiffbrüchigen, Bogenschützen, Bettler und Aussätzigen, als auch einer der vierzehn Nothelfer und hilft stillenden Müttern und Beichtenden. Der Turm ist fast täglich geöffnet, und gegen ein kleines Entgelt können Besucher die Stufen hinaufsteigen, um den Turmumgang zu erreichen. Hier gibt es eine

fantastische Aussicht auf die gesamte Altstadt. Unser Fokus liegt auf dem Andreasviertel. Die kleinteilige Struktur dieses Stadtviertels ist auf der Fotografie von P. Gofferje, die um 1940 aufgenommen wurde, deutlich zu erkennen. In den 1980er-Jahren gab es Pläne, das gesamte Andreasviertel abzureißen und auf der gewonnenen Fläche Wohnungen in Plattenbauweise zu errichten. Eine vierspurige Straße sollte den Stadtring vom Huttenplatz in Richtung Karl-Marx-Platz vervollständigen.

Allerheiligenstraße

Die Allerheiligenstraße verbindet die Michaelisstraße mit der Marktstraße. Namensgeberin ist die Allerheiligenkirche, die 1117 vom Orden der regulierten Augustinerchorherren als Kloster- und Hospitalkirche gestiftet wurde. Seit dem 13. Jahrhundert diente sie als Pfarrkirche und gehört seit den 1930er-Jahren zur Domgemeinde St. Marien. Im Jahr 2007 wurde sie zu einem Kolumbarium, einer Begräbnisstätte, umgewidmet.

Die historische Aufnahme ist 1930 entstanden und zeigt am rechten Rand das „Haus zum Sternberg", das nach Bauinschrift 1535 errichtet wurde und einem Waidhändler gehörte. Links ist die Einmündung zur Waagegasse zu erahnen, darauf folgen die Häuser 20 und 21, heute Domizil des Studentenclubs „Engelsburg". Dominante ist die Allerheiligenkirche.

Marktstraße

Die historische Fotografie stammt aus dem Jahr 1920 und zeigt den erst kurz vor der Aufnahme fertiggestellten Durchgang im Erdgeschoss des Eckhauses Fischmark 10. Eigentümer war seinerzeit die Stadtgemeinde Erfurt, die auch den Umbau in die Wege leitete, um Fußgängern mehr Raum zu bieten. Im Bild gut zu erkennen ist ein Straßenbahnwagen der „blauen Linie", die von der Weimarischen Straße zum Gothaer Platz führte.

Genauso leicht kann man erkennen, dass die Marktstraße nicht wirklich viel Platz für Bahnen, Lieferverkehr und Fußgänger bietet. Es überrascht nicht, dass die Stadt zumindest versucht hat, mehr Platz zu schaffen. Die dunklen Flecken im Vordergrund der historischen Aufnahme sind vermutlich Pferdeäpfel, vielleicht vom am linken Rand zu sehenden Fuhrwerk mit 2 PS?

Reglerkirche

Erich Groß wählte für seine Aufnahme der Reglerkirche 1914 einen Standort in der Mühlgasse. Zwar hat sich das äußere Erscheinungsbild der Kirche selbst nicht verändert, das direkte Umfeld allerdings schon. Auf der historischen Fotografie sind die Mauern des Regler-Friedhofs sowie die Anbauten an der Kirche zur Bahnhofstraße hin deutlich zu sehen. Auch wenn die Gleise der Erfurter Elektrischen Eisenbahn erkennbar sind, bleiben Handkarren auch Anfang des 20. Jahrhunderts ein bewährtes Transportmittel. Heute findet sich an dieser Stelle ein Durchgang zur Trommsdorffstraße, und anstelle der auf der historischen Abbildung sichtbaren Anbauten vor den zwei Türmen der Reglerkirche erstreckt sich nun ein kleiner Park, der zum Verweilen und Nachdenken einlädt.

Hirschlachufer

Das Hirschlachufer verbindet einst wie heute die Bahnhofstraße mit dem westlich des Angers gelegenen Stadtviertel rund um den Hirschgarten. Hier entlang floss einst die Hirschlache, ein künstlich angelegter Wasserlauf, der sich offen an der Gasse entlangzog und von der Gera gespeist wurde. Die um 1900 entstandene Aufnahme zeigt die Bebauung entlang der Gasse an der Kreuzung des Hirschlachufers mit der Schafgasse. Bis Ende des

19. Jahrhunderts war die Hirschlache ein etwa eineinhalb Meter breiter offener Graben, den die Löber (Lohgerber) zum Gerben der Felle nutzten. Der Name „Hirschlachufer" wurde erst 1870 gebräuchlich. Die Einmündung zur Schafgasse auf der linken Seite existiert heute noch.

Die Bebauung an der rechten Straßenseite wich in den 1960er-Jahren den Neubauten am Juri-Gagarin-Ring.

Bahnhofstraße / Ecke Juri-Gagarin-Ring

Im Jahr 1930 hielt Eduard Bissinger mit seiner Kamera das Gebäude der heutigen Deutschen Bank fest, dessen Bau 1922 begonnen wurde. Was diese Aufnahme aus heutiger Sicht interessant macht, sind die Veränderungen der Gestaltung des Gebäudes und natürlich die Verkehrssituation an der Kreuzung Bahnhofstraße / Juri-Gagarin-Ring. Der Eingang zum

Bankgebäude befindet sich mittlerweile in der Bahnhofstraße, die ursprüngliche Fassadengliederung mittels Säulen sucht man heute vergebens. Lediglich die medaillenartigen Verzierungen an der Fassade zwischen dem ersten und zweiten Obergeschoss zum Juri-Gagarin-Ring hin findet man auch heute.

Bahnhofstraße

Die um 1925 entstandene Aufnahme zeigt links die Häuser Bahnhofstraße 40 bis 47 und rechts die Häuser Bahnhofstraße 1 bis 6. Im Hintergrund sind die Gebäude Anger 63/64 zu sehen, in denen einst Horst Kohl sein Weinrestaurant betrieb. Diese Gebäude wurden Ende des Zweiten Weltkriegs durch Bomben zerstört, an ihrer Stelle wurde in den späten

1970er-Jahren das Angereck nach Planungen des Stadtarchitekten Walter Nitsch errichtet. Heute ist das neue Angereck, ein nicht unumstrittenes Gebäude, die Dominante in der Blickrichtung.

Bahnhofstraße 38

Bevor wir in Richtung Bahnhof weiter schlendern, hier noch eine Aufnahme des Gebäudes Bahnhofstraße 38 aus den 1930er-Jahren. Die Aufnahme stammt aus der Sammlung von Eberhard Menzel und zeigt das Geschäftshaus der Eisenwarenhandlung Kaemmerer & Ernst, die 1906 von Max Kaemmerer (1875–1933) und dem Eisenwarenfachmann Otto Ernst gegründet wurde. Bereits hundert Jahre zuvor hatte ein Vorfahre von Max Kaemmerer eine

Handelsunternehmung gegründet, die bis 1896 an der Ecke Schlösserstraße / Junkersand zu finden war. Anfang der 1990er-Jahre wurde das Geschäftshaus an der Ecke Bahnhofstraße / Gartenstraße zugunsten eines Neubaus abgerissen, in dem später unter anderen die Dresdner Bank zu finden war. Zwischen 2016 und 2019 wurde das Gebäude saniert und modernisiert.

Bahnhofstraße, Unterführung

Bevor der Erfurter Hauptbahnhof zwischen 2002 und 2008 modernisiert und grundsätzlich neu strukturiert wurde, passierten die Straßenbahnen die knapp vier Meter hohe Unterführung meist ohne Halt, denn die Haltestellen der Bahnen befanden sich außerhalb der Unterführung direkt am Bahnhofsvorplatz. Eine großzügige Beleuchtung der Unterführung, wie wir sie heute kennen, war damals noch nicht vorhanden. An den Wänden der Unterführung waren links und rechts Leuchtkästen der Deutschen Werbe- und Anzeigengesellschaft angebracht, die für verschiedene Produkte warben. Zusammen mit dem spärlichen

Tageslicht, das durch eine Lücke im Brückenbauwerk zwischen den Bahnsteigen drang, sorgten diese Leuchtkästen für eine gewisse Beleuchtung in der Unterführung. Die historische Aufnahme stammt vom Anfang der 1960er-Jahre.

Heute ist die Bahnhofsunterführung neben dem Anger eine der verkehrswichtigsten Haltestellen und bietet Umsteigemöglichkeiten zwischen den verschiedenen Stadtbahn- und Stadtbus-Linien und natürlich auch zwischen dem städtischen Nahverkehr und dem Fernverkehr.

Dalbergsweg / Pförtchenbrücke

Bis 1873 die „Entfestigung“ Erfurts in Angriff genommen wurde, war Erfurt eine Festung ersten Ranges im Preußischen Königreich. Zahlreiche Befestigungsbauten schränkten schon in den Jahren zuvor die Entwicklung der Stadt ein, insbesondere für den Verkehr waren die Stadtbefestigungsanlagen eher ein Hindernis. Aus heutiger, insbesondere touristischer Sicht ist es schade, dass fast alle Stadtbefestigungen, Mauern, Walltürme und Stadttore abgerissen wurden. Einer der letzten Tortürme, der 1888 abgerissen wurde, war der Pförtchenturm, auch „stumpfer Turm“ genannt, im Verlauf von Dalbergsweg / Pförtchenstraße. Das historische Foto entstand 1883 und zeigt die Umgebung des Pförtchens: die Gleise der „roten Linie“ von Ilversgehoven zur Steigerstraße sind gut erkennbar, der Turm springt quasi in den Straßenverlauf, was seinerzeit durchaus gewollt war. Am linken Bildrand ist das Wohnhaus des Erfurter Lokomotiv-Fabrikanten Christian Hagans zu sehen, der ab 1857 Dampfkessel und Lokomotiven produzierte.

Verkehrslenkung in Erfurt

Straßenbaustellen sind in Erfurt alltägliche Last für alle Verkehrsteilnehmer, doch mit einer gewissen Gelassenheit und Einsicht in die Notwendigkeit, kann man sich durchaus mit ihnen arrangieren. Dass mitunter auch ein kurzes, vielleicht ungläubiges oder ratloses Lächeln über die Gesichter der Autofahrer huscht, wäre eine schöne Alternative zu den Wutausbrüchen hinterm Lenkrad. Verwirrende Verkehrslenkungen gab und gibt es in allen Zeiten: Im Fundus des Stadtarchivs habe ich die hier vorgestellte Abbildung des Fischmarkts aus dem Jahr 1968 gefunden. In dieser Zeit floss der Autoverkehr direkt zur Autobahn in Richtung Eisenach und dem Hermsdorfer Kreuz oder Richtung Gotha, Arnstadt und

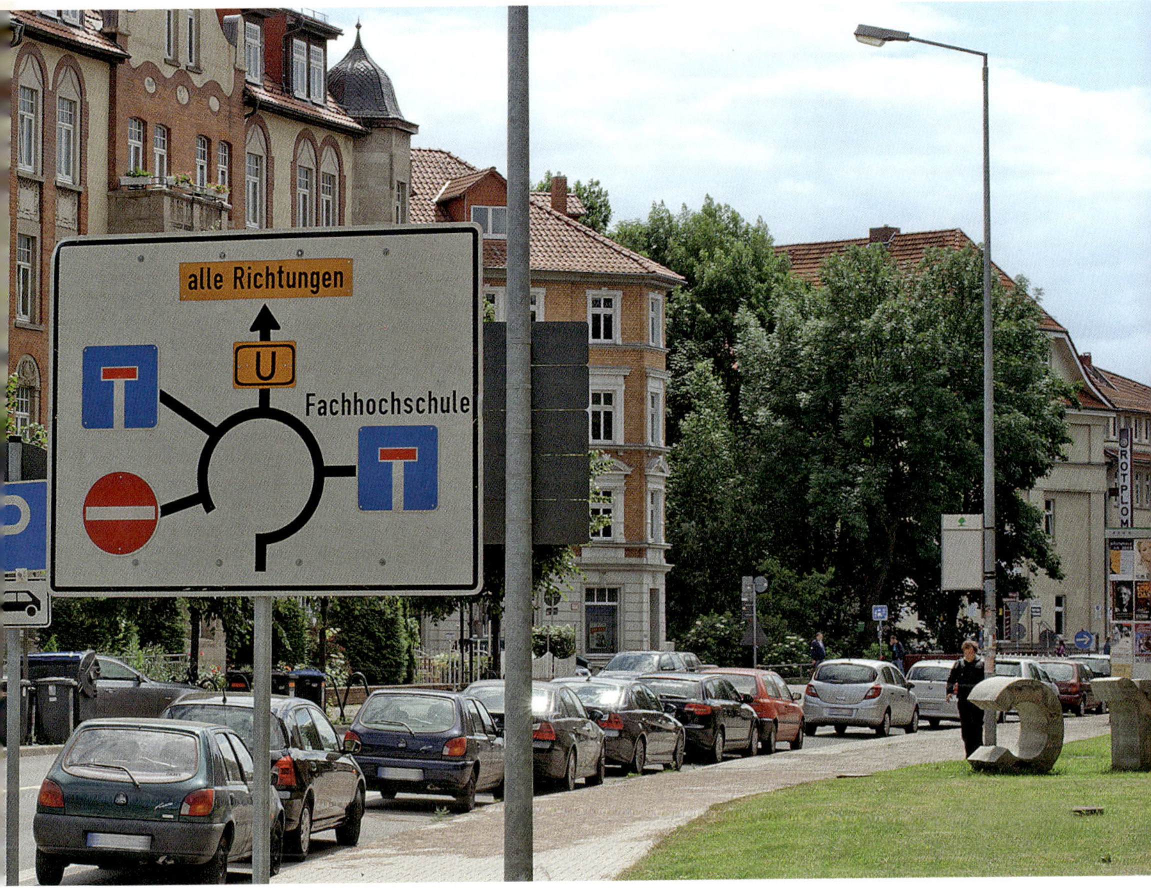

Nordhausen – heute kaum noch vorstellbar! Auf den ersten Blick verwirrende Verkehrsleitungen sind jedoch kein Phänomen der 1960er-Jahre, wie die jüngere Fotografie zeigt, die aber auch schon vor 13 Jahren entstanden ist. Seinerzeit war die Schlüterstraße in beide Richtungen befahrbar und das Hinweisschild machte auf einen Kreisverkehr aufmerksam, der nicht wirklich ein Kreisverkehr war. Autofahrer konnten wählen zwischen „Verbot der Einfahrt“ (Verkehrszeichen Nummer 267 StVO), „Sackgasse“ (Verkehrszeichen Nummer 357 StVO) oder „Umleitung“. Da fällt die Wahl nicht schwer, oder?

Chronik

742	Erste Erwähnung Erfurts in einem Brief des Missionars Bonifatius an Papst Zacharias mit der Bitte, in „einem Ort welcher Erphesfurt heißt und schon vor Zeiten eine befestigte Siedlung heidnischer Bauern war" einen Bischofssitz zu errichten.
754	Das von Bonifatius gegründete Bistum fällt an das Erzbistum Mainz.
805	Karl der Große legt Erfurt als einen Grenzhandelsplatz seines Frankenreiches fest.
Um 1050	Stadtherren Erfurts sind die Kurfürsten und Erzbischöfe von Mainz.
Um 1140	Erfurter Kaufleute beginnen, Ämter in der mainzischen Verwaltung zu übernehmen.
1143/1144	In einer Urkunde wird der Name „Lange Brücke" (longus pons) erwähnt.
1196	Der Name „Anger" für den Platz an der heutigen Hauptpost taucht erstmals in Urkunden auf.
Um 1250	Ein städtischer Rat mit 14 Mitgliedern wird gegründet.
1267	Die Namen aller Ratsmitglieder sind seit diesem Zeitpunkt bekannt.
1306	Das Gewohnheitsrecht wird in der „Willkür" schriftlich festgehalten und zum Gesetz erhoben.
1325	Die Brückenbögen der Krämerbrücke werden aus Stein errichtet und 64 kleine Häuser darauf errichtet.
1352	Der Erfurter Rat erwirbt das Reichslehen Kapellendorf und damit das Recht, eigene Münzen zu prägen und an Reichstagen teilzunehmen.
1392	Die Erfurter Universität nimmt ihren Lehrbetrieb auf. 1379 erhält der Erfurter Rat von Papst Clemens VII. in Avignon die Erlaubnis, eine Hochschule mit Promotionsrecht zu gründen, 1389 von Papst Urban VI. in Rom ebenfalls.
1501	Martin Luther schreibt sich in die Matrikel der Alten Erfurter Universität ein. Nach den Sieben Freien Künsten studiert er zunächst Jura.
1509/1510	Das „Tolle Jahr" von Erfurt, Auseinandersetzungen führen unter anderem zur Neubildung des Stadtrates, nun mit 24 Mitgliedern. Viele Gebäude werden zerstört, u.a. das Collegium Maius.
1517	Die Ideen Martin Luthers finden in Erfurt begeisterte Anhänger.
1664	Der Erzbischof und Kurfürst von Mainz setzt einen Statthalter in Erfurt ein, die Unabhängigkeit Erfurts geht verloren.
1736	Ein Brand zerstört zahlreiche Gebäude im Bereich Lange Brücke / Predigerstraße / Fischmarkt / Schlösserstraße.
1802	Erfurt wird preußisch.
1806	Napoleon übernimmt die Macht in Erfurt und erklärt die Stadt zur kaiserlichen Domäne.
1813	Zahlreiche Häuser werden auf dem Domplatz durch preußische Kanonen zerstört.
1814	Die Preußen übernehmen wieder die Macht in Erfurt, Napoleon wird verjagt.
1847	Der erste Eisenbahnzug erreicht von Weimar kommend Erfurt und wird mit Jubel und Musik begrüßt.

1873	Auf Beschluss der preußischen Regierung wird Erfurt als Festung ersten Ranges aufgegeben und die Befestigungsanlagen werden abgebrochen.
1883	Die ersten Pferdebahnen fahren durch die Stadt.
1894	Die Pferdebahn hat ausgedient und wird durch elektrisch betriebene Wagen ersetzt.
1895	Der neue Erfurter Hauptbahnhof wird eingeweiht.
1925	Die ersten Omnibusse fahren durch Erfurt und ergänzen das Streckennetz der Erfurter Elektrischen Straßenbahn.
1945	Am 12. April besetzen amerikanische Truppen Erfurt. Sie geben ihr Kommando am 1. Juni 1945 an die Truppen der Roten Armee ab.
1970	Der erste deutsch-deutsche Gipfel findet in Erfurt statt. Der Kanzler der Bundesrepublik Deutschland, Willy Brandt, trifft sich mit dem Vorsitzenden des Ministerrates der DDR, Willi Stoph, im „Erfurter Hof".
1990	Erfurt wird Landeshauptstadt des Freistaates Thüringen.
1994	Neugründung der Universität Erfurt.
1998	Instandsetzung des Collegium Maius, das seit 2008 von der Evangelischen Kirche Mitteldeutschland genutzt wird.
1998	Bei archäologischen Grabungen in der Michaelisstraße wird eine Vielzahl an Münzen, Gefäßen und Schmuck gefunden. Dieser sogenannte „Erfurter Schatz" wird heute im Keller der Alten Synagoge ausgestellt, das Herzstück bildet ein goldener jüdischer Hochzeitsring aus dem frühen 14. Jahrhundert.
1999	Der erste Spatenstich für das neue Erfurter Theater im Brühl wird gesetzt. Auf zwei Bühnen sollen hier Schauspiel-, Musiktheater und Ballett aufgeführt werden sowie Konzerte stattfinden.
2001	Eröffnung der neuen Eissporthalle Gunda-Niemann-Stirnemann-Halle. Bereits wenige Wochen später werden hier die Deutschen Meisterschaften im Eisschnelllauf ausgetragen.
2004	Nach Entdeckung eines Haarrisses muss die Gloriosa für Reparaturarbeiten am 8. Juli zum ersten Mal seit 500 Jahren den Turm des Erfurter Domes verlassen. Im September desselben Jahres kehrt die Glocke zurück und läutet seit dem 8. Dezember wieder.
2008	Der Stadtrat beschließt, den Titel „UNESCO-Weltkulturerbe" anzustreben.
2011	Papst Benedikt XVI. macht im Rahmen seines viertägigen Deutschlandbesuchs in Erfurt Station. Er besucht den Erfurter Dom und zelebriert einen ökumenischen Gottesdienst in der Augustinerkirche.
2017	Der niederländische König Willem Alexander und Königin Máxima besuchen Erfurt und besichtigen unter anderem die Alte Synagoge.
2021	Unter erschwerten Bedingungen findet die Bundesgartenschau vom 23. April bis 10. Oktober in Erfurt statt. Viele der ursprünglich temporär geplanten Projekte zur BUGA 21 haben bis heute Bestand.
2023	Am 17. September entscheidet die UNESCO Welterbe-Kommission, Erfurt den Titel „UNESCO-Welterbe" zuzuerkennen. Zum Welterbe gehören die Alte Synagoge, die Mikwe und das Steinerne Haus.

Bildnachweis

Stadtarchiv Erfurt (in Klammern gesetzt die Signatur): Einband vorne oben (6_0_3G7_008), Vorsatz (6_0_6D4_007), S. IV (6_0_8A81_014), S. 2 (6_0_5Weimarische_Straße_058), S. 8 (6_0_6F6_023), S. 10 (6_0_5Anger_3b_074), S. 12 (6_0_5Anger_2f_022), S. 14 (6_0_5Anger_2d_053), S. 16 (6_0_1J3_004), S. 18 (6_0_6F2_001), S. 20 (6_0_8A51b_004), S. 22 (6_0_5Augustinerstraße_033), S. 24 (6_0_5Allerheiligenstraße_159), S. 26 (6_0_5Barfüßerstraße_054), S. 28 (6_0_5Benediktsplatz_005), S. 30 (6_0_5Benediktsplatz_053), S. 32 (6_0_4Q3_001), S. 34 (6_0_5Gartenstraße_078), S. 36 (6_0_5Gartenstraße_077), S. 38 (6_0_4J2_007), S. 40 (6_0_8A75_044), S. 42 (6_0_5Juri_Gagarin_Ring3_010), S. 44 (6_0_5Juri_Gagarin_Ring4_077), S. 46 (6_0_7A1_073), S. 48 (6_0_5Venedig_071), S. 50 (6_0_5Windthorststraße_003), S. 52 (6_0_Weimarische_Straße_082), S. 55 (6_0_5Weimarische_Straße_001), S. 56 (6_0_6E1_002), S. 58 (5_110_B6-29_009), S. 60 (6_0_1S4a_014), S. 63 (6_0_2D1_032), S. 64 (6_0_2D6_096), S. 66 (6_0_2D2_076), S. 68/69 (6_0_ Großformate_5Schmidtstedter_Straße_0606), S. 71 (6_0_4Q3_044), S. 72 (6_0_4Q3_028), S. 74 (6_0_5Schmidtstedter_Straße_118), S. 76 (6_0_11G9_053), S. 79 (6_0_11G9_067), S. 80 (6_0_11G8_043), S. 82 (6_0_9B2_037), S. 84 (6_0_4R_019), S. 86 (6_0_5Lange_Brücke1_014), S. 88 (6_0_7A6_009), S. 90 (6_0_5Heinrichstraße_013), S. 93 (6_0_10H2_031), S. 94 (6_0_5Rudolfstraße_001), S. 96 (6_0_Großformate_3G1_024), S. 98 (6_0_8A5_003), S. 100 (6_0_5Marktstraße1_015), S. 102 (6_0_1R2a_023), S. 104 (6_0_4P3_006), S. 106 (6_0_10C1_8_001), S. 108 (6_0_5Bahnhofstraße_1_038), S. 110 (6_0_5Bahnhofstraße_1_221), S. 112 (6_0_5Bahnhofstraße2_068), S. 114 (6_0_5Dalbergsweg_007), S. 116 (6_0_5Fischmarkt1_061), S. 121 (6_0_5Willy_Brandt_Platz_053), Einband hinten links (6_0_5Bahnhofstraße_1_038).

Ulrich Seidel: Einband vorne unten, S. 9, 11, 13, 15, 17, 19, 21, 23, 25, 27, 29, 31, 33, 35, 37, 39, 41, 43, 45, 47, 49, 51, 53, 54/55, 57, 59, 61, 62/63, 65, 67, 69, 70/71, 73, 75, 77, 78/79, 81, 83, 84/85, 87 ,89, 91, 92/93, 95, 97, 99, 101, 103, 105, 107, 109, 111, 113, 115, 117, Nachsatz, Einband hinten rechts.

Um 1960 entstand dieses Bild auf dem heutigen Willy-Brandt-Platz. Im Hintergrund links ist das alte Empfangsgebäude des Erfurter Bahnhofes von 1847 zu sehen, rechts dominiert der Gebäudekomplex des Interhotels „Erfurter Hof".

Einband vorn: Blick zur Barfüßerkirche 1930 und 2016.
Vorsatz und Nachsatz: Blick von der Bahnhofstraße zur Stadtparktreppe im Jahr 1909 und 2023.
Einband hinten: Bahnhofstraße mit Blick Richtung Anger, 1925 und 2023.

Impressum

Sutton Verlag GmbH
Schweickhardtstraße 1
72072 Tübingen
www.suttonverlag.de

ISBN: 978-3-96303-480-0
Printed in Poland by CGS
Gestaltung und Herstellung: Sutton Verlag